Analizando la Enseñanza del Trabajo en el Libro Profético de Jeremías y Lamentaciones

Estudiando El Tabernáculo de la Biblia, Volume 16

Sermones Bíblicos

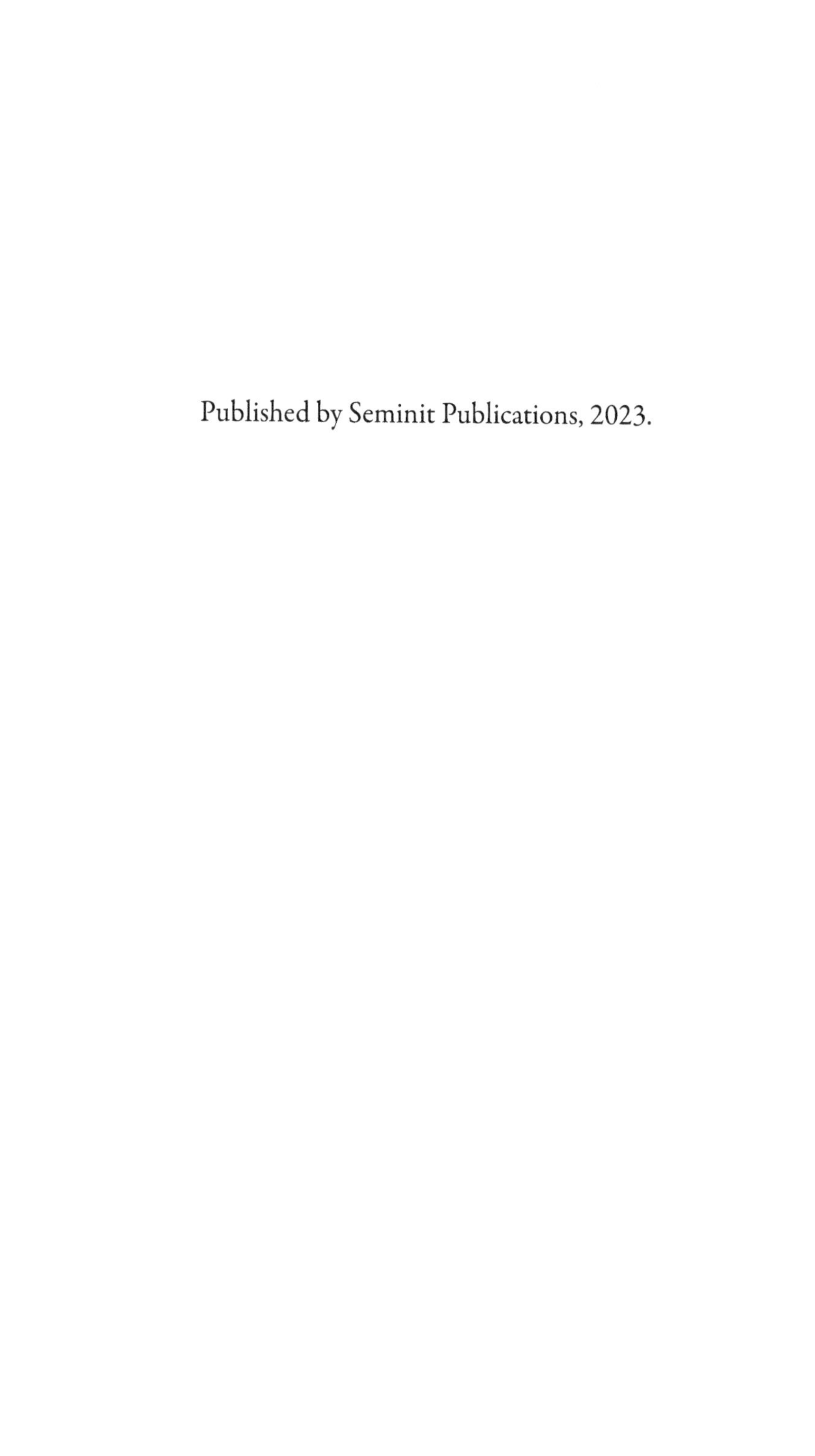

Published by Seminit Publications, 2023.

ANALIZANDO LA ENSEÑANZA DEL TRABAJO EN EL LIBRO PROFÉTICO DE JEREMÍAS Y LAMENTACIONES

First edition. July 8, 2023.

Written by Sermones Bíblicos.

Tabla de Contenido

Dedication

Jeremías 2:14. *¿Es Israel un siervo? ¿Es un esclavo nacido en casa? ¿Por qué está despojado? Los leoncillos rugieron sobre él y gritaron, y asolaron su tierra; sus ciudades se quemaron sin morador. También los hijos de Noph y de Tahapanes han quebrado la corona de tu cabeza. ¿No te has procurado tú esto, habiendo dejado a Jehová tu Dios, cuando te guiaba por el camino?*

El pueblo de Israel se había sumido en un terrible estado de pobreza, hambre y opresión. Sus enemigos habían destruido de tal modo la tierra que estaba llena de leones que incluso gritaban en las mismas calles donde antes abundaban los hombres, las mujeres y los niños. Y Dios les dice: "¿No es esto el resultado de vuestro propio pecado? ¿Era así cuando vivíais cerca de mí? ¿No te lo has buscado tú mismo con tu pecado?". Así que, hijo de Dios, si eres infeliz esta noche si estás de luto si no puedes encontrar consuelo en el mundo tampoco consuelo en Dios, "¿no te lo has procurado tú mismo? Cuando vivías cerca de Dios, cuando la oración era continua, cuando vigilabas tu conducta, cuando ibas en voz baja pidiendo a Dios que te guiara día a día, ¿no te iba mejor entonces que ahora? Entonces tu paz era como un río y tu justicia como las olas del mar. Si ahora no es así, ¿no te lo has procurado tú mismo, abandonando al Señor tu Dios cuando te guiaba por el camino?

— **Charles Spurgeon**

Introducción al libro de Jeremías y Lamentaciones

El tema básico del libro de Jeremías es medir la fidelidad del pueblo a Dios en un entorno difícil. Dios condena las prácticas deshonestas en el mismo contexto en que condena la idolatría y la hipocresía religiosa, dejando claro que este libro profético no trata sólo de problemas religiosos, sino también de cuestiones sociales y éticas. Jeremías se ocupa de la fidelidad en los ámbitos religioso, familiar, militar, gubernamental, agrícola y en todas las demás esferas de la vida y el trabajo. Como trabajadores de hoy, nos enfrentamos a un problema similar al de la época del profeta. Estamos llamados a ser fieles a Dios en el trabajo, pero no es fácil seguir los caminos de Dios en muchos lugares de trabajo.

Jeremías tuvo que enfrentarse a la infidelidad de casi todo el pueblo. Todos eran infieles al Señor, desde los reyes y príncipes hasta los profetas, y sin embargo, por lo general acudían al templo, ofrecían sacrificios e invocaban el nombre del Señor, aunque no reconocían a Dios en su forma de vida en todos los demás aspectos (Jer **7,1-11**). Son los mismos que hoy asisten a la iglesia los domingos y dan sus ofrendas, pero viven el resto de su vida como si Dios no estuviera presente.

En el marco de la fidelidad a Dios, el libro de Jeremías contiene varios pasajes directamente relacionados con el trabajo y muchos otros que abordan el tema de la fidelidad a Dios en todos los aspectos de la vida, con claras implicaciones para el trabajo.

Jeremías no presenta muchos principios o mandamientos nuevos en sus profecías sobre el trabajo, sino que reconoce los revelados en los libros anteriores de la Biblia, especialmente en la Ley de Moisés. Reprendió al pueblo de Dios por no seguir la ley y les advirtió que eso les traería el desastre. Cuando llegó el desastre, les enseñó cómo vivir realmente la ley de Dios en su nueva -y deprimente- situación. También les animó con la promesa de Dios de que acabaría devolviéndoles la alegría y la prosperidad si decidían volver a la fidelidad.

Aunque las palabras de Jeremías sobre el trabajo se pronunciaron unos seiscientos años antes que el apóstol Pablo, pueden resumirse fácilmente en Colosenses **3:23**: *"Y todo lo que hagáis, hacedlo de todo corazón, como para el Señor y no para los hombres"*.

Jeremías y su contexto

Muchos de nosotros encontramos nuestros trabajos problemáticos, al menos algunas veces. Uno de los aspectos sorprendentes del libro de Jeremías es que la situación del profeta era extremadamente difícil. Su lugar de trabajo (entre las élites que gobernaban Judá) era corrupto y hostil a la obra de Dios. Jeremías estaba en peligro constante, pero era capaz de ver la presencia del Señor en las situaciones más difíciles. Su perseverancia nos recuerda que es posible aprender a experimentar la presencia de Dios en los lugares de trabajo más problemáticos.

Jeremías creció en una pequeña ciudad llamada Anatot, a cinco kilómetros al noreste de Jerusalén, la capital de Judá. Aunque geográficamente cercanas, las dos comunidades eran muy diferentes cultural y políticamente. Jeremías había nacido en la línea sacerdotal de Abiatar, pero no tenía mucho prestigio entre los sacerdotes de Jerusalén. Siglos antes, Salomón había suprimido la autoridad de Abiatar (**1 Re 1,28-2,26**) y lo había sustituido por la línea sacerdotal de Sadoc en Jerusalén.

Cuando Dios le llamó a ser profeta en Jerusalén, Jeremías se encontró en medio de sacerdotes que no aceptaban su sacerdocio heredado. Durante toda su larga carrera en Jerusalén, fue un forastero sospechoso e impopular. Las personas que se enfrentan a prejuicios culturales, étnicos, raciales, lingüísticos, religiosos o de otro tipo en sus lugares de trabajo actuales pueden identificarse con lo que Jeremías afrontó cada día de su vida.

La llamada de un profeta reticente y la descripción del papel que debe desempeñar

En el año decimotercero del reinado de Josías, a los veinte años, Jeremías fue llamado por Dios para ser profeta (Jer. 1:2). Su tarea consistía en llevar los mensajes de Dios *"sobre las naciones y sobre los reinos, para levantar y para derribar, para destruir y para derribar, para edificar y para plantar"* (Jer **1:10**). Los mensajes de Dios a través de Jeremías no eran ni amables ni positivos, pues los judíos estaban desastrosamente cerca de dejar de ser fieles a Dios. A través de Jeremías, el Señor los llamó a volver a Él antes de que estallara el caos. Como un consultor externo contratado para reorganizar el orden establecido en una corporación, el profeta fue llamado a cambiar las prácticas establecidas en el reino de Judá. Parte de su tarea consistía en oponerse a la idolatría y a las malas prácticas que se habían convertido en parte del culto.

Su labor profética comenzó durante el buen reinado del rey Josías y continuó durante los reinados de los malvados sucesores Joacaz, Joaquín, Joaquín y Sedequías, y durante la destrucción total de Jerusalén que tuvo lugar bajo el dominio del babilonio Nabucodonosor en **586** a.C. Durante sus cuatro décadas como profeta de Dios en Jerusalén, Jeremías fue ridiculizado constantemente y era el hazmerreír de los habitantes de la ciudad. De hecho, escapó por los pelos a varios complots contra su vida (Jer **11:21**; **18:18**; **20:2**; **26:8**; **38**).

Jeremías no solicitó el cargo de profeta, y no encontramos en ninguna parte del texto que "*aceptara*" la llamada de Dios para ser Su portavoz. Esto contrasta con el texto de Isaías, quien, tras su visión de la santidad y majestad de Dios, le oyó preguntar: "*¿A quién enviaré y quién irá por nosotros?*". A lo que Isaías respondió: "*Aquí estoy; envíame a mí*" (Isaías **6:8**). Cuando Dios dijo a Jeremías que sería Su portavoz en Jerusalén, el profeta protestó por su juventud y falta de experiencia (Jeremías **1:6-7**). Sin embargo, Dios pareció ignorar esta protesta dándole inmediatamente mensajes proféticos para el pueblo (Jer. **1:11-16**). Más tarde, Dios también dio al nuevo profeta instrucciones, una advertencia y una promesa:

Por tanto, ciñe tus lomos, levántate y diles todo lo que yo te mando. No tengas miedo de ellos, no sea que yo te haga tener miedo de ellos. He aquí, yo te he puesto hoy como ciudad fortificada, columna de hierro y muro de bronce contra toda esta tierra, contra los reyes de Judá, sus príncipes, sus sacerdotes y el pueblo del país. "*Lucharán contra ti, pero no prevalecerán contra ti, porque yo estoy contigo*", declara Yahveh, "*para librarte*" (Jr **1,17-19**).

Jeremías supo desde el principio que su trabajo como profeta sería difícil. Su tarea lo enfrentaría a toda la nación de Judá, desde el rey, los príncipes y los sacerdotes hasta la gente de las calles de la ciudad. Pero recibió una clara llamada de Dios para realizar este difícil trabajo, y confió en que Dios le guiaría.

Visión general del libro de Jeremías

El libro de Jeremías refleja la situación de deterioro en la que se encontraba el profeta. En varias ocasiones, tuvo la nada envidiable tarea de denunciar la hipocresía religiosa, la deshonestidad económica y las prácticas opresivas de los líderes de Judá y sus seguidores. Jeremías era la voz de alarma, el perro guardián que llamaba la atención sobre verdades difíciles que otros preferían ignorar.

Porque así dice el SEÑOR acerca de la casa del rey de Judá.... Te convertiré en un desierto como las ciudades deshabitadas. Pondré contra ti destructores. Muchas naciones pasarán junto a esta ciudad, y cada una dirá a su vecina: *"¿Por qué ha hecho esto el Señor con esta gran ciudad?"*. Entonces responderán: *"¡Porque han abandonado la alianza de Yahveh, su Dios!"*. (Jer **22,6-9**)

Era el pesimista que en realidad era el realista. Además, fue rechazado y ridiculizado por falsos profetas que insistían en que Dios nunca permitiría que la ciudad de Jerusalén cayera en manos de un invasor.

La persistencia de Jeremías con su mensaje no deseado durante cuatro décadas es extraordinaria; simplemente no se rindió ante lo que parecía una tarea imposible. ¿Cuántos de nosotros nos hemos rendido en situaciones similares? La fidelidad constante de Jeremías al seguir las instrucciones de Dios es impresionante a la luz de la implacable oposición y las duras críticas a las que se enfrentó. Aunque a menudo se le llamaba el *"profeta llorón"* porque se lamentaba por el pecado de su pueblo y no lograba convencerlo de que volviera a *Yahvé*, la confianza de Jeremías nunca flaqueó. Sabía que Dios, que lo había colocado donde estaba, confirmaría la verdad de su mensaje. El profeta podía ser fiel a su vocación no deseada porque Dios había prometido serle fiel. *"Lucharán contra ti, pero no te vencerán, porque yo estoy contigo"*, declara el Señor, *"para librarte"* (Jer. **1**, **19**).

En **el año 605**, Nabucodonosor de Babilonia atacó Jerusalén y se llevó a diez mil de los judíos más competentes (incluidos Ezequiel y Daniel). En ese momento, el papel de Jeremías se amplió para llevar la Palabra de Dios a los judíos exiliados (Jer **29**). Entre los judíos capturados había falsos profetas que aseguraban a los exiliados que los días de Babilonia estaban contados y que Dios nunca permitiría que los habitantes de Jerusalén fueran cautivos, mientras que Jeremías les advertía que estarían en Babilonia durante setenta años. En lugar de actuar con falsas esperanzas, los judíos se asentaron en la tierra, construyeron casas, plantaron jardines, dieron a sus hijos en matrimonio y dejaron de escuchar a los falsos profetas.

Mientras tanto, los habitantes restantes de Judá seguían rechazando el mensaje de Dios. En **586**, los babilonios regresaron, saquearon Jerusalén, derribaron las murallas, destruyeron el templo piedra a piedra y tomaron prisioneros a los que quedaban sanos. Una vez más, el papel de Jeremías cambió (Jer. **40-45**). Dios lo mantuvo en la ciudad en ruinas, que fue gobernada brevemente por Gedalías, para animar al nuevo gobernador y ayudar al pueblo a comprender lo que había sucedido y cómo seguir adelante en medio de la destrucción.

Pero una vez más, a pesar de sus súplicas para que escucharan el mensaje de Dios, depositaron su fe en una patética alianza militar con Egipto, que Babilonia derrotó rápidamente. Jeremías fue llevado a Egipto, donde murió. Al final, el profeta tuvo que soportar tanto la terquedad y la negativa de los gobernantes a escuchar los mensajes de Dios como el desastre resultante. Los profetas y los cristianos en el lugar de trabajo pueden descubrir que no tienen la capacidad de vencer todo mal. A veces el éxito significa hacer lo que sabemos que es correcto incluso cuando todo está en nuestra contra.

Los últimos capítulos (**46-52**) tratan principalmente del juicio que Dios traerá sobre todas las naciones, no sólo sobre Judá. Aunque Dios usó a Babilonia contra Judá, Babilonia tampoco escaparía al castigo.

Al leer Jeremías, uno no puede dejar de sorprenderse por los desastrosos resultados de la persistente falta de fe por parte de los líderes de Judá: los reyes, los sacerdotes y los profetas. Su falta de visión y su disposición a creer las mentiras que se decían unos a otros condujeron a la destrucción total de la nación y de su capital, Jerusalén. El trabajo que Dios nos da es un asunto serio. El no seguir la Palabra de Dios en nuestro trabajo puede causar serios daños a nosotros mismos y a los que nos rodean. Guiar al pueblo de Israel era tarea del rey, los sacerdotes y los profetas. El desastre nacional que pronto se abatió sobre Israel fue el resultado directo de sus malas decisiones y del incumplimiento de sus responsabilidades según el pacto.

Temas relacionados con el trabajo en el libro de Jeremías

El libro de Jeremías no está estructurado como un tratado sobre el trabajo. Por eso, los temas relacionados con el trabajo aparecen en distintos lugares del libro, a veces separados por muchos capítulos, y a veces juntos en el mismo capítulo o pasaje. En la medida de lo posible, tomaremos estos temas y pasajes en el orden en que aparecen en Jeremías.

Hemos visto que la principal preocupación de Jeremías es que el pueblo sea fiel a Dios. A medida que avanzamos en la lectura, podemos ver nuestro trabajo como un área importante en la que Dios quiere que seamos fieles. Si es así, experimentaremos la presencia de Dios en nuestro trabajo. Por lo tanto, nuestra fidelidad a Dios y su presencia en nuestro trabajo son temas relacionados a los que volveremos con frecuencia.

La llamada al trabajo (Jeremías 1)

Como hemos visto, Dios preparó a Jeremías para la labor de profeta antes de que naciera (Jer **1:5**), y en el momento oportuno lo llamó a esa labor (Jer **1:10**). Jeremías respondió fielmente al llamado de Dios a su trabajo, y Dios le dio el conocimiento que necesitaba para hacerlo (Jer **1:17**).

Aunque la vocación de Jeremías era la de profeta, no hay ninguna razón de peso para creer que el modelo de la llamada de Dios, seguida de una respuesta humana fiel y, a continuación, la provisión de Dios para la obra, se limita a los profetas. Dios llamó y equipó a José (Génesis **39:1-6**; **41:38-57**), a Bezaleel y Aholiab (Éxodo **36-39**) y a David (**1** Samuel **16:1-13**) para servir como tesorero, jefe de obras y rey, respectivamente. En el Nuevo Testamento, Pablo dice que Dios prepara a todos los creyentes para trabajar según Sus propósitos para el mundo (1Co **12-14**). Podemos ver en Jeremías un modelo para todos aquellos que siguen fielmente a Dios en su trabajo. Como dijo William Tyndale hace mucho tiempo:

No hay trabajo que pueda agradar a Dios más que otros: servir un vaso de agua, lavar platos, ser zapatero o apóstol, todos son iguales; lavar platos y predicar son iguales, en cuanto a la acción, para agradar a Dios.

Dios conoce las formas en que nosotros, como Jeremías, somos construidos de acuerdo a Su diseño. Dios nos guía para usar nuestras habilidades y talentos de manera piadosa en el mundo.

Puede que no tengamos la misma vocación que Jeremías, y puede que nuestra vocación no sea tan directa, específica e innegable como la suya. Sería un error pensar que nuestro llamado al ministerio debe ser como el de Jeremías. Tal vez Dios fue extraordinariamente directo con Jeremías. Tal vez Dios fue extraordinariamente directo con este profeta porque era tan reacio a aceptar la llamada del Señor. De cualquier manera, podemos confiar en que Dios nos dará lo que necesitamos para hacer nuestro trabajo, cualquiera que sea, si somos fieles a Él en el trabajo.

La bondad y la contaminación del trabajo (Jeremías 2)

Mucho antes de que Jeremías naciera, Dios declaró que el trabajo era bueno para el hombre (Gn **1-2**). Como dijimos antes, el método de Jeremías consistía en reconocer lo que Dios había revelado anteriormente y señalar cómo estos principios se estaban poniendo en práctica -o no- en su época. En el capítulo **2**, Jeremías habló de cómo el pueblo estaba pervirtiendo la bondad de la obra. Dios dijo a su pueblo: *"Os traje a una tierra fértil para que comierais de su fruto y de su bondad; pero vinisteis y contaminasteis mi tierra y convertisteis mi heredad en abominación"* (Jer **2:7**). Añadió que el pueblo había *"ido tras cosas que no tienen provecho"* (Jer **2:8**).

El Señor trajo al pueblo a una tierra fértil donde el fruto de su trabajo sería abundante, pero ellos rechazaron Su presencia profanando Su tierra. Esta es una expresión habitual del privilegio teológico en el antiguo Cercano Oriente: Dios creó y es dueño de la tierra, pero se la dio al pueblo para que la administrara. Dios concedió a su pueblo el gran privilegio de trabajar su tierra, el lugar que había elegido para su templo, el lugar donde moraba su presencia. Aunque el pueblo de la época de Jeremías trabajaba la tierra de Dios con desprecio, el trabajo mismo fue creado por el Señor como algo bueno. *"Cuando comas del trabajo de tus manos, serás feliz y te irá bien"* (Sal **128,2**). Trabajar la tierra es necesario y, cuando se hace a la manera de Dios, trae alegría y un profundo sentido de la presencia y el amor de Dios. "*No hay nada mejor para un hombre que comer y beber, y decirse a sí mismo que su trabajo es bueno. He visto que viene de la mano de Dios*" (Ecl **2,24**).

Pero la obra se contaminó cuando la gente dejó de ser fiel a Dios en su trabajo. Contaminaron la tierra porque dejaron de seguir a Dios y "*fueron tras cosas vanas y se envanecieron*" (Jer **2:5**). Si nuestro trabajo no va bien, puede ser una señal de que nuestra comunión con Dios se ha debilitado. Tal vez hemos dejado de pasar tiempo con Dios, quizá porque trabajamos mucho. Sin embargo, a menudo sentimos la tentación de intentar arreglar el problema dedicando más tiempo a tareas "*inútiles*" (Jer **2,8**), con lo que descuidamos aún más la comunión con Dios. Nuestras tareas no son inútiles porque no trabajemos el tiempo suficiente, sino porque sin Dios en nuestro trabajo, éste se vuelve infructuoso e ineficaz. ¿Qué pasaría si llegáramos al fondo del problema y pasáramos más tiempo en comunión con Dios? ¿Podríamos anticipar con Dios todas las acciones y decisiones importantes que tomaremos durante el día? ¿Podríamos recordar y rezar por todas las personas con las que nos encontraremos? ¿Podríamos revisar nuestro trabajo con Dios al final del día?

Reconocimiento de la provisión de Dios (Jeremías 5)

Jeremías se lamentaba de que "este pueblo tiene un corazón obstinado y rebelde; se ha desviado y extraviado" (Jr **5,23**). Son administradores de la tierra de Dios, llamados a trabajarla en el "*temor*" del Señor. El "*temor*" (el término hebreo yare) de Dios se utiliza a menudo en el Antiguo Testamento como sinónimo de "*vivir en respuesta a Dios*". *Pero Jeremías advirtió que no eran conscientes de Dios como fuente de la lluvia y de la seguridad de las cosechas. "No dicen en su corazón: Temamos al Señor, nuestro Dios, que da la lluvia a su tiempo, la lluvia de otoño y la lluvia de primavera, y que nos guarda las semanas señaladas de la siega"* (Jer **5,24**). Son infieles porque se imaginan que son la fuente de su propia cosecha (véase Jr **17,5-6**). Como resultado, su cosecha ya no es buena. *"Vuestras iniquidades las han desviado, y vuestros pecados os han privado del bien"* (Jer **5,25**).

Este pasaje es uno de los muchos lugares de los capítulos **1-25** que hablan de la "profanación" de la tierra: *"Una cosa espantosa y terrible ha sucedido en la tierra: los profetas profetizan en falso, los sacerdotes gobiernan por su cuenta, y mi pueblo se complace en ello"* (Jer **5,30-31**). En la antigüedad, cuando la economía dependía principalmente de la agricultura, la contaminación de la tierra no era sólo una pérdida estética, sino también una pérdida de productividad y abundancia. También era un rechazo al Dios que les había dado la tierra. Chris Wright señala que la tierra -además de un sacramento o un signo visible- es un termómetro de nuestra relación con Dios. La violación de la tierra (ya sea por corporaciones, ejércitos o individuos) niega que Dios sea su dueño y que tenga un propósito al hacernos sus administradores.

El éxito y el fracaso de las posesiones materiales (Jeremías 5)

¿**P**reserva Dios del éxito material a quienes hacen el mal a Sus ojos? Jeremías está diciendo lo que algunos cristianos modernos se atreverían a decir: La falta de provisión de Dios puede ser una señal de que Dios no aprueba su trabajo. Dios retuvo la lluvia de Judá a causa del pecado de su pueblo. "*Vuestras iniquidades os han impedido estas cosas [las lluvias], y vuestros pecados os han privado de bienes*" (Jer **5,25**). El profeta no dice que todos los casos de falta de provisiones o de éxito sean signos del juicio de Dios. Esta es una de las cuestiones abiertas que Jesús abordó casi seiscientos años después, cuando dijo que el ciego de nacimiento no tenía esta limitación como señal del juicio de Dios (Jn **9,2-3**). Además, Dios proporciona el bien material incluso a los que son malos. Según Jesús, Dios "*hace salir su sol sobre malos y buenos, y hace llover sobre justos e injustos*" (Mt **5,45**). Del libro de Jeremías sólo podemos decir que el éxito material depende de la provisión de Dios, y que Dios puede -al menos a veces- negar el éxito material a quienes practican la injusticia y la opresión.

Sin embargo, debemos tener cuidado de no llegar a la conclusión de que existe una relación absoluta de causa-efecto entre nuestro pecado y el castigo de Dios en todas las situaciones de falta de recursos. ¿Las privaciones de los pobres se deben a que son malvados o perezosos? Jeremías diría que los pobres carecen de recursos porque los malvados o los perezosos los oprimen.

Injusticias, codicia, bien común e integridad (Jeremías 5-8)
Injusticia en el mundo

Como no reconocían a Dios como fuente de sus abundantes cosechas, el pueblo de Judá perdió todo sentido de responsabilidad ante el Señor por la forma en que trabajaba. Esto los llevó a oprimir y engañar a los débiles e indefensos:

Exageran en obras de maldad; no defienden la causa del huérfano, para que prospere, ni defienden los derechos del pobre (Jer **5,28**).

Se aferran al engaño, se niegan a volver. He oído y escuchado; han hablado lo que no es justo; ni uno solo de ellos se arrepiente de su maldad y dice: "*¿Qué he hecho?*" (Jer **8,5-6**)

Lo que debería haberse hecho por el bien de todos en la tierra de Dios, se hizo sólo en beneficio de ciertos individuos y sin temor al Dios para quien debían trabajar. Por lo tanto, el Señor les retuvo la lluvia, y pronto aprendieron que ellos no eran la fuente de su propio éxito. Existen aquí paralelismos con la crisis económica de **2008-2010** y su relación con la compensación, la honestidad en los préstamos y empréstitos, y la búsqueda de beneficios rápidos incluso a expensas de los demás. Es importante evitar el simplismo, ya que los principales problemas económicos actuales son demasiado complejos para los principios generalizados que tomamos de Jeremías. No obstante, existe una conexión -aunque compleja- entre el bienestar económico de las personas y las naciones y sus vidas y valores espirituales. El bienestar económico es una cuestión moral.

Codicia

D ios llama a las personas a tener un propósito más elevado que el egoísmo económico. Nuestro objetivo primordial es nuestra relación con Dios, dentro de la cual la provisión y el bienestar material son cuestiones importantes pero limitadas.

De ti me acuerdo del cariño de tu juventud, del amor de tus desposorios, cuando me seguías por el desierto, por tierra no sembrada. Israel era santo para el Señor, primicia de su mies (Jer **2,2-3**).

Jeremías miró a su alrededor y vio que la codicia -la búsqueda desenfrenada de beneficios económicos- había suplantado al amor a Dios como interés primordial del pueblo. "*Porque desde el más pequeño hasta el más grande, todos buscan ganancias; desde el profeta hasta el sacerdote, todos practican el engaño*" (Jer **8:10**). Nadie escapó a la condena de Jeremías por codicia. El profeta no favorecía ni al rico ni al pobre, ni al pequeño ni al grande. Le vemos recorrer "*las calles de Jerusalén*" para encontrar al menos "*un hombre, si lo hay, que haga justicia, que busque la verdad*" (Jer **5,1**). Primero, Jeremías preguntó a los pobres, pero los encontró endurecidos (Jer **5,4**). Luego se dirigió a los ricos, "*pero también ellos habían roto todos a la vez el yugo y las cadenas*" (Jer **5,5**).

Como dice Walter Brueggemann, Se culpa a todas las personas, pero especialmente a los líderes religiosos, por su falta de principios en el ámbito económico... Esta comunidad ha perdido todas las normas por las que juzgar y examinar su avaricia insaciable y explotadora. Los corazones se han inclinado a enriquecerse en lugar de temer a Dios y amar a los demás. Ya sea del rico (el rey, Jer **22:17**) o del pobre, tal codicia provocó la ira divina.

Trabajar en beneficio de todos

El deseo de Dios es que vivamos y trabajemos en beneficio de los demás, no sólo de nosotros mismos. Jeremías criticó al pueblo de Judá por no cuidar de quienes no podían proporcionar ningún beneficio económico a cambio, incluidos los huérfanos y los necesitados (Jr **5,28**), los extranjeros, las viudas y los inocentes (Jr **7,6**). Esto va más allá de los cargos por desobedecer partes específicas de la ley, como el robo, el asesinato, el adulterio, los juramentos falsos y la adoración de dioses falsos (Jer 7:9). Jeremías formuló esta acusación contra individuos concretos (*"hay maldad en mi pueblo"*, Jr **5,26**), contra todos (*"todo Judá"*, Jr **7,2**), contra los dirigentes de los negocios (los ricos, Jr **5,27**) y del gobierno (los jueces, Jr **5,28**), contra las ciudades (Jr **4,16-18**; **11,12**; **26,2**; y otros), y contra la nación en su conjunto (*"este pueblo malvado"*, Jr **13,10**). Todos los componentes de la sociedad, individual e institucionalmente, habían roto la alianza con Dios.

La insistencia de Jeremías en que nuestro trabajo y sus frutos beneficien a los demás es una base importante para la ética empresarial y la motivación personal. Que una acción contribuya al bienestar de los demás es tan importante como su legalidad. Puede ser legal hacer negocios de una manera que perjudique a los clientes, a los empleados o a la comunidad, pero eso no lo hace legítimo a los ojos de Dios. Por ejemplo, la mayoría de las empresas forman parte de una cadena de producción que comienza con materias primas para producir piezas que se convierten en conjuntos y luego en productos acabados que entran en el sistema de distribución y llegan a los consumidores. Tal vez un actor de la cadena tenga la oportunidad de ganar poder sobre los demás, reducir los márgenes y llevarse todos los beneficios. Pero incluso si esto se hace legalmente, ¿es bueno para la industria y la comunidad? ¿Es incluso sostenible a largo plazo? También puede ser legal que un sindicato conserve las prestaciones de los trabajadores actuales negociando menos prestaciones para los nuevos trabajadores, pero si todos los trabajadores necesitan esas prestaciones, ¿se cumple realmente el objetivo del sindicato?

Son preguntas complejas, y no encontramos una respuesta precisa en Jeremías. Lo que sí es relevante en el libro es que el pueblo de Judá, en su mayor parte, pensaba que vivía de acuerdo con la ley, lo que probablemente incluía sus numerosas regulaciones económicas y laborales. Por ejemplo, a diferencia de otros profetas (por ejemplo, Ezequiel **45:9-12**), Jeremías no menciona que los mercaderes con los que entró en contacto utilizaban pesos y medidas injustos, lo que habría violado las leyes de Levítico **19:36**. Sin embargo, Dios consideró que su economía y su trabajo eran injustos. Sin embargo, Dios consideró infieles sus prácticas económicas y laborales porque seguían la letra de la ley pero no el espíritu. Jeremías dice que esto finalmente no permitió que todo el pueblo disfrutara del fruto de su trabajo en la tierra de Dios.

Como el pueblo de Judá, todos tenemos oportunidades de acumular o compartir los beneficios que recibimos de nuestro trabajo. Algunas empresas dan la mayor parte de sus primas y oportunidades de compra de acciones a los altos ejecutivos.

Otras las distribuyen ampliamente entre todos los empleados. Algunas personas intentan llevarse todo el mérito por los logros en los que han participado. Otras dan todo el mérito que pueden a sus empleados. Una vez más, las cuestiones son complejas y debemos evitar hacer juicios precipitados sobre los demás. Sin embargo, todo el mundo puede hacerse una pregunta sencilla: La forma en que utilizo el dinero, el poder, el reconocimiento y otras recompensas de mi trabajo, ¿me beneficia principalmente a mí o beneficia a mis compañeros, a mi organización y a mi sociedad?

Del mismo modo, las organizaciones pueden guiarse por la codicia o por el bien común. Cuando una empresa utiliza su poder monopolístico para cobrar precios elevados o recurre al engaño para vender sus productos, está actuando de acuerdo con su codicia de dinero. Cuando un gobierno utiliza su poder para promover sus propios intereses por encima de los de sus vecinos, o a sus dirigentes por encima de sus ciudadanos, está actuando de acuerdo con su codicia de poder.

Jeremías ofrece una amplia perspectiva sobre el bien común y su opuesto, la codicia. La codicia no se limita a la ganancia que viola una ley particular, sino que incluye cualquier tipo de ganancia que ignore las necesidades y circunstancias de los demás. Según Jeremías, nadie en su época estaba libre de tal codicia. ¿Es diferente hoy en día?

Integridad

La palabra integridad significa vivir según un conjunto único y coherente de valores éticos. Cuando seguimos las mismas normas éticas en casa, en el trabajo, en la iglesia y en la comunidad, tenemos integridad. Cuando seguimos normas éticas diferentes en distintos ámbitos de la vida, carecemos de integridad.

Jeremías lamenta la falta de integridad que ve en el pueblo de Judá. Aparentemente creían que podían violar las normas éticas de Dios en su trabajo y en su vida cotidiana y luego ir al templo, actuar santamente y salvarse de las consecuencias de sus actos.

Robar, matar, cometer adulterio, jurar en falso, ofrecer sacrificios a Baal e ir tras otros dioses que no habéis conocido. ¿Vendréis, pues, y os pondréis delante de mí en esta casa sobre la cual es invocado mi nombre, y diréis: *"Ya estamos salvados"*; y luego seguiréis haciendo todas estas abominaciones? *"¿Acaso esta casa, que es llamada por mi nombre, se ha convertido a vuestros ojos en una cueva de ladrones? He aquí que yo mismo lo he visto"*, declara Yahveh (Jr **7,9-11**).

Jeremías les llama a vivir en integridad, o su piedad no significará nada para Dios. *"Y os echaré de mi presencia"*, dice Dios (Jer **7,15**). Nuestros corazones no están bien con Dios simplemente por ir al templo. Nuestra relación con Él se refleja en nuestras acciones, en lo que hacemos cada día, incluido lo que hacemos en el trabajo.

Fe en la provisión de Dios (Jeremías 8:16)

En Jeremías **5** vimos que el pueblo no reconocía la provisión de Dios. Si la gente no reconocía a Dios como la fuente última de las cosas buenas que ya tenían, ¿cuánta fe podían tener para depender de la provisión de Dios en el futuro? John Cotton, el teólogo puritano, dice que la fe debe ser la base de todo lo que hacemos en la vida, incluido nuestro trabajo o vocación:

El cristiano que cree de verdad... vive en su vocación por su fe. No sólo mi vida espiritual, sino incluso mi vida civil en este mundo y todo lo que vivo es por la fe del Hijo de Dios: para él nada en la vida está exento de la unidad de su fe.

He aquí de nuevo el fracaso fundamental del pueblo de Judá en tiempos de Jeremías, su falta de fe. A veces Jeremías lo expresaba como "*no conocer*" al Señor, que es un requisito previo para la fidelidad. Otras veces lo describe como no "*oír*", es decir, no escuchar, obedecer e incluso dar importancia a lo que Dios ha dicho. Otras veces lo ha llamado falta de "*temor*". Pero todo esto no es más que falta de fe: una fe viva y activa en quién es Dios y en lo que hace o dice. Esta falta contamina la visión que la gente tiene del trabajo, lo que lleva a violaciones flagrantes de la ley de Dios y a la explotación de los demás en beneficio propio.

La gran ironía es que, al confiar en sus propias acciones en lugar de ser fieles al Señor en su trabajo, la gente acabó por no encontrar la alegría, la satisfacción y la bondad de la vida. Con el tiempo, Dios se ocupará de su falta de fidelidad y *"elegirá la muerte en lugar de la vida para todo el remanente que quede de esta semilla malvada"* (Jer **8**:3). Las leyes de Dios son para nuestro propio bien y son dadas para mantenernos enfocados en nuestro propósito correcto. Cuando dejamos de lado las leyes de Dios porque nos impiden cuidarnos a nuestra manera, rechazamos el plan de Dios para nosotros y nos convertimos en lo contrario. Cuando trabajamos por nuestra cuenta -y especialmente cuando hacemos caso omiso de las leyes de Dios para hacerlo-, el trabajo no alcanza su propósito adecuado. Negamos la presencia de Dios en el mundo. Pensamos que sabemos mejor que Dios cómo conseguir lo que queremos. Así que trabajamos según lo que queremos, no según lo que Dios quiere. Sin embargo, esto no nos da las cosas buenas que Dios quiere que tengamos. Al experimentar esta carencia, nos involucramos en actos de egoísmo cada vez más desesperados. Tomamos atajos, oprimimos a los demás y acaparamos lo poco que tenemos. Ahora no sólo no recibimos lo que Dios quiere darnos, sino que tampoco producimos nada de valor para nosotros ni para los demás. Si toda la comunidad o nación actúa de la misma manera, pronto estaremos enfrentados unos con otros, buscando productos cada vez menos satisfactorios de nuestro trabajo. Nos hemos convertido en lo contrario de lo que debíamos ser como pueblo de Dios. Ahora todos *"reconocen y ven que es malo y amargo abandonar al Señor, tu Dios, y no temerme"*, declara el Señor, el Dios de los ejércitos (Jer. **2,19**).

El tema del abandono de Dios, la pérdida de fe en Su provisión y la opresión dentro del pueblo se repite a intervalos a lo largo de Jeremías **8-16**. La prosperidad del pueblo desaparece. Como resultado, su prosperidad desaparece: *"Ya no se oye el bramido del ganado; de las aves del cielo hasta las bestias han huido; se han ido"* (Jr **9,10**). Como consecuencia, intentan compensar la pérdida engañándose unos a otros. *"Cada uno engaña a su prójimo y no dice la verdad... Vuestra morada está en medio del engaño"* (Jer **9,5-6**).

El papel del trabajo en una vida equilibrada (Jeremías 17)

J eremías también se centró en el ciclo de trabajo y descanso. Como siempre, el profeta partió de la revelación previa de Dios, en este caso sobre el descanso del sábado:

Y en el séptimo día terminó Dios la obra que había hecho, y descansó el séptimo día de toda la obra que había hecho (Gn **2:2**).

Acuérdate del día de reposo para santificarlo. Seis días trabajarás y harás toda tu obra, pero el séptimo día es sábado de descanso para el Señor, tu Dios (Ex **20:8-10**).

Pero Jeremías se encontró con un pueblo que se negaba a guardar el sábado:

Esto dice Yahveh: 'Guardaos de llevar carga en sábado y de introducirla por las puertas de Jerusalén. No saquéis carga de vuestras casas en el día de reposo, ni hagáis ningún trabajo, sino santificad el día de reposo, como mandé a vuestros padres. Pero ellos no escucharon, ni inclinaron sus oídos, sino que endurecieron sus cuellos para no oír ni recibir corrección (Jer **17:21-23**).

Anteriormente, en el mismo capítulo **17**, Dios habló a través de Jeremías y dijo:

Maldito el hombre que confía en el hombre, y hace de la carne su fuerza, y aparta de Yahveh su corazón. Será como un arbusto en el desierto, y no verá el bien cuando llegue; habitará en los pedregales del desierto, tierra salada y sin morador. Bienaventurado el hombre que confía en el Señor, cuya confianza está en el Señor. Será como un árbol plantado junto a las aguas, que extiende sus raíces junto a la corriente; no temerá en el calor, y sus hojas estarán verdes; en el año de sequía no temerá, ni dejará de dar su fruto. (Jer **17,5-8**).

Básicamente, Jeremías estaba repitiendo su idea sobre la fe en la provisión de Dios que discutimos en los capítulos **8** al **16**, usando el sábado como ejemplo concreto. Cuando confiamos en nosotros mismos en lugar de ser fieles a Dios, creemos que no podemos tomarnos tiempo para descansar. Hay demasiado trabajo que hacer si queremos tener éxito en nuestras carreras, hogares y aficiones, así que ignoramos el sábado para hacerlo. Pero según Jeremías, si confiamos en nosotros mismos y hacemos de *"la carne"* nuestra fuerza, nos llevará al *"desierto"* mientras nos presionamos sin descanso **las 24 horas del día** para alcanzar el éxito. No *"verá el bien cuando venga"*. En cambio, el que confía en el Señor *"no dejará de dar fruto". En definitiva, es contraproducente ignorar la necesidad de un equilibrio entre el trabajo y el descanso"*.

El trabajo bendice a toda la sociedad (Jeremías 29)

En Jeremías **29**, el profeta subraya que Dios pretende que el trabajo de su pueblo bendiga y sirva a las comunidades circundantes, no sólo al pueblo de Israel.

Esto es lo que el Señor de los ejércitos, el Dios de Israel, dice a todos los desterrados que he enviado al exilio desde Jerusalén a Babilonia: *"Construid casas y vivid en ellas, plantad huertos y comed del fruto de ellos.* Tomen esposas y tengan hijos e hijas... multiplíquense allí y no disminuyan. *"Y buscad el bienestar de la ciudad a la que os he expulsado, y rogad por ella a Yahveh; porque en su bienestar encontraréis* bienestar". (Jer **29:4-7**)

Este tema se encuentra en capítulos anteriores, como la orden de Dios de no oprimir a los extranjeros que viven dentro de las fronteras de Judá (Jer **7:6**; **22:3**). También forma parte del pacto que Jeremías recordó a Judá. *"Abraham se convertirá en una nación grande y poderosa, y en él serán bendecidas todas las naciones de la tierra"* (Gn **18:18**). Sin embargo, los falsos profetas en el exilio aseguraron a los judíos exiliados que el favor de Dios estaría siempre con Israel, con exclusión de sus vecinos. Babilonia caería, Jerusalén se salvaría y el pueblo pronto regresaría a casa. Jeremías trató de contrarrestar esta falsa afirmación con la verdadera palabra de Dios para ellos: *"Estaréis en el exilio en Babilonia durante setenta años"* (Jer **29:10**).

Babilonia sería el único hogar para esa generación. Dios le dijo al pueblo que trabajara la tierra diligentemente: "*construyan casas... planten huertos y coman sus frutos*". Los judíos debían salir como pueblo de Dios, aunque estuvieran en un lugar de castigo y penitencia para ellos. Además, el éxito de los judíos en Babilonia estaba ligado al éxito de Babilonia. "*Orad al Señor por ella [la ciudad], porque en su prosperidad prosperaréis*" (Jer **29**:7). Este llamamiento a la responsabilidad cívica de hace dos mil seiscientos años sigue siendo válido hoy. Estamos llamados a trabajar por el bienestar de toda la comunidad, no sólo por nuestros propios intereses. Como los judíos de la época de Jeremías, estamos lejos de ser perfectos. Incluso podemos sufrir nuestra propia falta de fidelidad y corrupción. Sin embargo, estamos llamados y dotados para ser una bendición para las comunidades en las que vivimos y trabajamos.

Dios ha llamado a Su pueblo a utilizar sus muchas habilidades vocacionales para servir a la comunidad circundante. "*Y buscad el bienestar de la ciudad a la que os he desterrado*" (Jer **29**:7). Se podría argumentar que este pasaje no prueba realmente que Dios esté interesado en los babilonios. Simplemente sabe que los israelitas no pueden prosperar como prisioneros allí a menos que sus captores también lo hagan. Pero, como hemos visto, la preocupación por los que no forman parte del pueblo de Dios es un elemento inherente a la alianza y aparece en las enseñanzas anteriores de Jeremías.

En Jeremías **29, los** constructores de casas, los jardineros, los agricultores y los obreros de todo tipo fueron llamados específicamente a trabajar por el bien de toda la sociedad. La provisión de Dios es tan grande que incluso cuando los hogares de su pueblo sean destruidos, las familias deportadas, las tierras confiscadas, los derechos violados y la paz destruida, tendrán lo suficiente para prosperar y bendecir a los demás. Esto sólo será posible si dependen de Dios; de ahí la exhortación a orar de Jeremías **29**:7. A la luz de Jeremías **29**, es difícil leer **1** Corintios **12-14** y los demás pasajes del Nuevo Testamento sobre los dones como aplicables sólo a la Iglesia o a los cristianos. (Para un análisis de este punto, véase "*1 Corintios*" en Enseñanza para la Obra). Dios llama y capacita a su pueblo para ministrar a todo el mundo.

La presencia de Dios en todas partes (Jeremías 29)

Esto no es sorprendente, por supuesto, ya que *"del Señor es la tierra y todo lo que hay en ella, el mundo y los que lo habitan"* (Sal **24:1**). La presencia de Dios no está sólo en Jerusalén o Judá, sino incluso en la capital del enemigo. Podemos ser una bendición dondequiera que estemos, porque Dios está con nosotros dondequiera que estemos. Allí, en el corazón de Babilonia, el pueblo de Dios fue llamado a trabajar como si estuviera en la presencia de Dios. Hoy nos resulta difícil comprender lo chocante que debió de ser esto para los exiliados, que pensaban que Dios sólo estaba presente en el templo de Jerusalén. Ahora se les decía que debían vivir en la presencia de Dios sin el templo y lejos de Jerusalén.

La sensación de exilio es familiar para muchos cristianos trabajadores. Estamos acostumbrados a encontrar la presencia de Dios en la iglesia, entre sus seguidores. Pero en el trabajo, junto a creyentes y no creyentes, puede que no esperemos encontrar la presencia de Dios. Esto no significa que estas instituciones sean necesariamente poco éticas u hostiles a los cristianos, sino simplemente que sus planes no incluyen trabajar en presencia de Dios. Sin embargo, Dios está presente y siempre busca revelarse a quienes lo reconocen allí. Cuando te establezcas en la tierra: planta huertos y come lo que produzcas, trabaja y lleva el salario a casa. Dios está allí contigo.

Una bendición para todas las naciones (Jeremías 29)

Aquí encontramos una visión ampliada del bien común. Reza por Babilonia porque el propósito de Israel es ser una bendición para toda la humanidad, no sólo para sí mismo: "*En ti serán bendecidas todas las familias de la tierra*" (Gn **12,3**). En la derrota absoluta llega el momento en que son llamados a bendecir incluso a sus enemigos. Esta bendición incluía la prosperidad material, como deja claro Jeremías **29:7**. Qué irónico que en los capítulos **1-25** Dios privara a Judá de Su paz y prosperidad por su falta de fidelidad, pero en el capítulo **29** Dios bendijera a Babilonia con paz y prosperidad incluso ante la falta de fe de los babilonios en el Dios de Judá. ¿Por qué? Porque el verdadero propósito de Israel era ser una bendición para todas las naciones.

Esto cuestiona inmediatamente cualquier plan diseñado para el beneficio particular de los cristianos. Como parte de nuestro testimonio, los cristianos estamos llamados a competir eficazmente en el mercado. No podemos dirigir negocios mediocres y esperar que Dios nos bendiga mientras rendimos por debajo de nuestras posibilidades. Los cristianos debemos competir con excelencia en igualdad de condiciones si queremos bendecir al mundo. Cualquier organización empresarial, relación privilegiada con los proveedores, preferencia de contratación, ventaja fiscal o reglamentaria, u otro sistema diseñado para beneficiar sólo a los cristianos no es una bendición para la ciudad. Durante las hambrunas de Irlanda a mediados del siglo XIX, muchas iglesias anglicanas proporcionaban alimentos sólo a las personas que se convertían del catolicismo romano al protestantismo. La mala voluntad que esto causó aún resuena ciento cincuenta años después, y fue simplemente un acto de interés propio de una secta cristiana contra otra. Imagínense el daño mucho mayor causado por los cristianos que discriminan a los no creyentes, que llena las páginas de la historia desde la antigüedad hasta nuestros días.

El trabajo de los cristianos en su fidelidad a Dios está destinado a beneficiar a todos, empezando por los que no forman parte del pueblo de Dios y extendiéndose a través de ellos al propio pueblo de Dios. Este es quizá el principio económico más profundo de Jeremías: que trabajar por el bien de los demás es la única manera fiable de trabajar por nuestro propio bien. Los líderes empresariales de éxito entienden que el desarrollo de productos, el marketing, las ventas y el servicio al cliente son eficaces cuando ponen al cliente en primer lugar. Sin duda, ésta es una buena práctica que deberían reconocer todos los empleados, sean seguidores de Cristo o no.

El restablecimiento de la bondad en el trabajo (Jeremías 30-33)

Durante veintitrés años, Jeremías profetizó la próxima destrucción de Jerusalén (a partir de los argumentos de Dios contra Judá en los capítulos **2 a 28**). Luego, en los capítulos **30-33**, el profeta mostró su anhelo por la restauración del reino de Dios. Lo describió en términos de la alegría del trabajo sin la corrupción del pecado:

De nuevo te edificaré, y serás de nuevo edificada, oh virgen de Israel; de nuevo tomarás tus panderos, y saldrás a los bailes con los que se alegran. De nuevo plantarás viñas en los montes de Samaria; los plantadores las plantarán y las disfrutarán. Porque llegará el día en que los centinelas de la región montañosa de Efraín gritarán: *"Levantaos, subamos a Sión, al Señor nuestro Dios".* (Jer. **31:4-6**).

También en esa tierra se comprarán casas, campos y viñedos (Jer. **32:15**).

El contexto general de las profecías de Jeremías es el pecado, el exilio y la restauración, como vemos aquí. Incluso la forma en que se la llama (*"virgen de Israel"*) es una declaración de restauración en comparación con Jer **2,23-25.33** y **3,1-5**. Aunque la restauración de Judá aún no era inminente, el profeta hablaba de la esperanza prometida a los exiliados en **29,11**. En el mundo restaurado, el pueblo se convertiría en un pueblo de paz. En el mundo restaurado, el pueblo seguiría trabajando, pero aunque su trabajo había sido inútil en el pasado, más tarde disfrutaría del fruto. La vida del pueblo restaurado tendría los aspectos del trabajo, el disfrute, la fiesta y la adoración, todos entrelazados. La imagen de plantar, cosechar, hacer música, bailar y disfrutar de la cosecha describe la alegría de trabajar mientras se es fiel a Dios. Esta sigue siendo la visión cristiana del reino, parcialmente cumplida en el mundo actual y completada en la nueva creación descrita en Apocalipsis **21-22**.

La fidelidad a Dios no es una cuestión secundaria, sino que es fundamental para disfrutar del trabajo y de sus frutos. La "*nueva alianza*" descrita en Jeremías **31:31-34** y **32:37-41** "*reitera la importancia de la fidelidad*".

He aquí que vienen días -declara el Señor- *en que haré una nueva alianza con la casa de Israel y con la casa de Judá, no como la alianza que hice con sus padres el día que los tomé de la mano para sacarlos de la tierra de Egipto, mi alianza que ellos rompieron, siendo yo su esposo* -declara el Señor-; *porque ésta es la alianza que haré con la casa de Israel después de aquellos días* -declara el Señor-. Pondré mi ley en su interior y la escribiré en su corazón; seré su Dios y ellos serán mi pueblo. Y ya no será necesario que enseñen de vecino a vecino, ni de hermano a hermano, diciendo: 'Conoce a Yahveh'; porque todos ellos, desde el más pequeño hasta el más grande, me conocerán" (Jer **31,31-34**).

De un solo golpe, vemos un mundo restaurado: el trabajo del pueblo de Dios disfrutado como siempre debió ser, con corazones fieles a la ley del Señor. Las personas vuelven a ser lo que siempre debieron ser, trabajando por el bien común y experimentando la presencia de Dios en todos los aspectos de la vida. Robert Carroll comenta: *"La comunidad restaurada es aquella en la que el trabajo y el culto están integrados"*. Aunque no esperamos que esto sea una realidad completa para nosotros, ya que todavía estamos en un mundo de pecado, podemos ver algunos atisbos de tal escenario hoy en día.

La emancipación de los esclavos (Jeremías 34)

Uno de los nuevos mandamientos de Dios en Jeremías es la renuncia a la esclavitud (Jr **34,9**). La Ley de Moisés exigía que los esclavos hebreos fueran liberados tras seis años de servicio (Éxodo **21:2-4**; Deuteronomio **15:12**). Los adultos podían venderse y los padres podían vender a sus hijos como esclavos durante seis años. Después, debían ser liberados (Lev **25:39-46**). En teoría, era un sistema más humano que la servidumbre moderna o la esclavitud, pero los amos abusaban de él ignorando básicamente el requisito de liberar a los esclavos al final del plazo o de volver a tomar esclavos para toda su vida por períodos consecutivos de seis años (Jer **34:16-17**).

Jer **34:9** es significativo porque exigía la liberación inmediata de todos los esclavos hebreos, independientemente del tiempo que hubieran trabajado como esclavos. Y lo que es aún más drástico, disponía *que "nadie tendrá por esclavo a un judío, su hermano... para que nadie los tenga ya por esclavos"* (Jer **34:9-10**). En otras palabras, se trataba de la abolición de la esclavitud, al menos en lo que respecta a los judíos que tenían a otros judíos como esclavos. No está claro si iba a ser una abolición permanente o si fue una respuesta a las circunstancias extremas de la derrota militar y el exilio inminente. En cualquier caso, no se aplicó durante mucho tiempo, y los amos no tardaron en recuperar a sus antiguos esclavos como esclavos. No obstante, es un avance económico impresionante, o lo habría sido si se hubiera convertido en una medida permanente.

Desde el principio, Dios prohibió la esclavitud involuntaria y de por vida entre los judíos porque *"fuiste esclavo en la tierra de Egipto, y el Señor, tu Dios, te redimió"* (Deut. **15:15**). Si Dios extendió su brazo para liberar a un pueblo, ¿cómo podría soportar que volvieran a ser esclavos, incluso de otros del mismo pueblo? Pero en Jeremías **34**, Dios añadió un nuevo elemento: *"proclamando la libertad a cada uno su hermano y a cada uno su prójimo"* (Jr **34,17**). Es decir, la humanidad de los esclavos -a los que se refiere llamándolos *"hermano y prójimo"*- exigía que fueran liberados. Merecían ser libres porque eran -o deberían haber sido- miembros queridos de la comunidad. Esto trascendía la clasificación religiosa o racial, ya que personas de diferentes religiones y razas podían ser vecinos entre sí. No tenía nada que ver con descender de la nación concreta, Israel, que Dios había liberado de Egipto. Los esclavos debían ser liberados simplemente porque eran humanos, al igual que sus amos y las comunidades que los rodeaban.

Este principio básico sigue siendo válido. Los millones de personas que siguen esclavizadas en todo el mundo necesitan urgentemente ser liberadas, simplemente porque son seres humanos. Además, todos los trabajadores -no sólo los esclavizados- deben ser tratados como *"hermanos, hermanas y prójimos"*. Este principio se aplica tanto a las condiciones de trabajo inhumanas, las violaciones de los derechos civiles de los trabajadores, la discriminación injusta, el acoso sexual y una serie de males menores como a la esclavitud en sí misma. Lo que no haríamos a nuestros semejantes, lo que no toleraríamos que les ocurriera a nuestros hermanos, no debemos tolerarlo en nuestras empresas, organizaciones, comunidades o sociedades. En la medida en que los cristianos podemos configurar el entorno de nuestros lugares de trabajo, tenemos el mismo mandato que el pueblo de Judá en tiempos de Jeremías.

Mantente firme en el trabajo
(Jeremías 38)

———

La mayor parte de lo que queda del libro describe las pruebas de Jeremías como profeta (capítulos **35-45**), sus presagios a las naciones (capítulos **46-51**) y el relato de la caída de Jerusalén (capítulo **52**). La historia de Ebed-melec es un pasaje que destaca en la obra. La historia es sencilla: Jeremías predicó al pueblo mientras Jerusalén estaba sitiada por el ejército babilónico. Su mensaje era que la ciudad caería y que cualquiera que saliera y se rindiera a los babilonios viviría, pero los funcionarios de Judá no se lo tomaron como un discurso motivador. Con el permiso del rey, metieron a Jeremías en una cisterna, donde moriría de hambre durante el asedio de Babilonia o se ahogaría con la siguiente lluvia (Jer **38:1-6**).

Entonces ocurrió algo sorprendente. Un inmigrante llamado Ebed-melec, que era sirviente en el palacio real, oyó que Jeremías había sido puesto en la cisterna. Cuando el rey estaba sentado en la puerta de Benjamín, Ebed-melec salió del palacio y le dijo: *"Oh rey, señor mío, estos hombres han hecho mal en todo lo que han hecho al profeta Jeremías al arrojarlo a la cisterna; morirá donde está a causa del hambre, pues no queda pan en la ciudad"*. Entonces el rey ordenó a Ebed-melec el etíope, diciendo: *"Toma de aquí tres hombres a tus órdenes y saca al profeta Jeremías de la cisterna antes de que muera"* (Jer **38,7-10**).

Es muy probable que el cambio de decisión del rey mostrara simple indiferencia en el asunto (aunque Dios puede utilizar tanto la indiferencia como la actividad por parte de un rey). Es el esclavo gentil sin nombre (Ebed-melec significa simplemente *"esclavo del rey"*) quien destaca como fiel. Aunque su condición de inmigrante y su diferencia racial le convertían en un trabajador vulnerable, su fidelidad a Dios le llevó a denunciar la injusticia en su lugar de trabajo. Como resultado, se salvó una vida. Un engranaje anónimo en un torno marcó la diferencia entre la vida y la muerte.

La acción de Ebed-melec en favor del profeta ilustra el mensaje de Jeremías de que la fidelidad a Dios tiene más peso que cualquier otra consideración en el lugar de trabajo. Ebed-Melec no sabía de antemano si el rey actuaría con justicia o si salirse de la cadena jerárquica sería un movimiento que limitaría su carrera (o un movimiento que acabaría con su vida, dado lo que le ocurrió a Jeremías). Parece que confió en que Dios proveería, independientemente de la respuesta del rey. Así que Ebed-Melec fue alabado por Dios. *"Yo te libraré... porque has confiado en mí, dice Yahveh"* (Jer **39,18**).

Jeremías poeta en acción: Lamentaciones

Aunque no hay pruebas en la propia Biblia de que el libro de las Lamentaciones fuera escrito por Jeremías, la tradición rabínica, los temas paralelos de Jeremías y las Lamentaciones, y el carácter de testigo ocular de las Lamentaciones señalan a Jeremías como el autor más probable de estos cinco poemas de aflicción. Judá y su capital, Jerusalén, fueron completamente destruidas. Tras dos años de asedio, los babilonios tomaron la ciudad, derribaron sus murallas, saquearon y destruyeron el templo de Dios y se llevaron a los habitantes sanos al exilio en Babilonia.

Jeremías es uno de los pocos supervivientes que quedan en la tierra, viviendo entre los que se han aferrado a la vida durante la hambruna y han visto morir a niños hambrientos mientras los falsos profetas siguen engañando al pueblo sobre los propósitos de Dios. El libro de las Lamentaciones capta la desolación de la ciudad y la desesperación del pueblo, al tiempo que señala la causa de esa desolación.

Aquí vemos al poeta en acción. En cinco poemas estrechamente estructurados, utiliza poderosas imágenes de la matanza en la ciudad cuando Dios permite que su pueblo sea castigado por sus atroces pecados. Pero a pesar de la profundidad emocional de su lamento, el artista capta la devastación de una forma poética controlada. Es arte al servicio de la liberación emocional.

Aunque no es habitual que un debate sobre el "trabajo" incluya el trabajo de los artistas, estos poemas nos obligan a reconocer el poder del arte para encapsular los altibajos de la experiencia humana.

El artista añade una nota de esperanza en medio de la desesperación, arraigando el futuro en la bondad de Dios:

Esto traigo a mi corazón, pues esto espero: Que la misericordia del Señor nunca cese, pues su bondad nunca falla; es nueva cada mañana; ¡grande es su fidelidad! *"El Señor es mi porción"*, dice mi alma, *"por eso espero en Él. El Señor es bueno con los que en Él esperan, con el alma que le busca"* (Lam **3,21-25**).

Porque el Señor no rechaza para siempre, sino que si aflige, también tendrá compasión según su gran misericordia. Porque no castiga por placer, ni aflige a los hijos de los hombres (Lam **3,31-33**).

¿Por qué han de quejarse los vivos? ¡Que sean valientes ante sus pecados! Examinemos y escudriñemos nuestros caminos, y volvámonos al Señor; elevemos nuestro corazón en nuestras manos a Dios en los cielos. (Lam **3,39-41**).

En la destrucción de Jerusalén, los inocentes sufrieron junto con los culpables. Los niños murieron de hambre, y profetas fieles como Jeremías soportaron la misma miseria impuesta a aquellos cuyos pecados provocaron la destrucción de la ciudad. Esta es la realidad de vivir en un mundo caído. Cuando las empresas se hunden bajo el peso de malas decisiones, negligencias graves o prácticas ilegales, personas inocentes pierden sus empleos y pensiones junto con los causantes del desastre. Al mismo tiempo, las injusticias de esta vida no son eternas para los cristianos que trabajan. Dios reina y su misericordia nunca falla (Sal **136**). No es fácil aferrarse a esta realidad divina en medio de sistemas pecaminosos y líderes sin principios, pero Lamentaciones nos dice que *"el Señor no será negado para siempre"*. Caminamos por la fe en el Dios vivo, cuya fidelidad hacia nosotros nunca fallará.

Conclusión del Libro de Jeremías y Lamentaciones

A través de las pruebas y presagios proféticos de Jeremías, el libro nos sumerge en un relato cautivador que culmina con la caída de Jerusalén. Sin embargo, es la historia de Ebed-melec la que brilla como un faro en medio de este panorama sombrío. Este humilde inmigrante no solo desafía al poder establecido para salvar la vida del profeta encarcelado, sino que también demuestra que incluso en los momentos más oscuros, una pequeña acción puede marcar la diferencia entre vida y muerte.

La valentía y fidelidad de Ebed-melec son verdaderamente inspiradoras. A pesar de su vulnerabilidad como extranjero y trabajador subordinado, su devoción a Dios lo lleva a enfrentarse a las injusticias reinantes y luchar por lo correcto. Su intervención no solo salva a uno solo individuo, sino que revela el poder transformador que tiene una sola persona dispuesta a actuar según sus convicciones.

En esta fascinante historia encontramos un mensaje impresionante: incluso cuando parece imperceptible o insignificante ante los ojos del mundo, cada uno puede marcar una diferencia duradera si se atreve a hacer lo correcto. Sea cual sea nuestra situación o condición social, todos tenemos el potencial para liderar cambios positivos y abogar por la justicia.

"La historia de Ebed-melec nos recuerda que nuestras acciones pueden cambiar vidas y transformar circunstancias adversas.

Quizás nunca sepamos cuán significativo será nuestro impacto hasta después del hecho, pero debemos recordar siempre que nuestros actos tienen consecuencias trascendentales tanto para nosotros mismos como para quienes nos rodean. En un mundo cada vez más indiferente, podemos ser la voz que se alza contra las injusticias y el corazón dispuesto a ayudar. Así como Ebed-melec salvó una vida, nosotros también podemos hacer la diferencia en nuestro entorno y forjar un futuro mejor para todos".

Don't miss out!

Visit the website below and you can sign up to receive emails whenever Sermones Bíblicos publishes a new book. There's no charge and no obligation.

https://books2read.com/r/B-A-ALQN-EFLLC

Connecting independent readers to independent writers.

Did you love *Analizando la Enseñanza del Trabajo en el Libro Profético de Jeremías y Lamentaciones*? Then you should read *Analizando la Enseñanza del Trabajo en los Libros Proféticos de la Biblia*[1] by Sermones Bíblicos!

2

Descubre el poder transformador de la educación laboral en los libros proféticos de la Biblia. En este fascinante libro, exploraremos las enseñanzas prácticas que podemos aplicar a nuestros días desde un contexto bíblico histórico. A través de relatos cautivadores y citas bíblicas poderosas, descubrirás principios clave para el éxito profesional y las habilidades prácticas necesarias para sobresalir en cualquier entorno laboral.

1. https://books2read.com/u/bwNZKO

2. https://books2read.com/u/bwNZKO

Aprenderás cómo mantener la integridad en medio de la presión, tomar decisiones sabias y éticas, y encontrar tu propósito y pasión en tu trabajo. Aprenderemos cómo mantener nuestra integridad e influencia positiva en un entorno corporativo lleno de retos. Además, descubriremos consejos prácticos para desarrollar nuestras habilidades profesionales, manejar el estrés y encontrar satisfacción en nuestro trabajo diario.Este no es solo otro libro sobre educación o desarrollo profesional; es una guía integral basada en principios sólidos extraídos de los libros proféticos de la Biblia. Si estás buscando una nueva perspectiva para tu vida laboral y deseas crecer tanto personal como profesionalmente desde un fundamento sólido e intemporal como lo es la Palabra de Dios, este libro es para ti.*¡Prepárate para ser capacitado por estas enseñanzas prácticas! ¡Descubre cómo puedes tener éxito en tu carrera mientras vives conforme al propósito divino!*

Also by Sermones Bíblicos

Estudiando El Tabernáculo de la Biblia
El Tabernáculo: Descripción de sus Componentes
Principios Bíblicos para una Iglesia: Ilustrados por El Tabernáculo
El Tabernáculo: En el Desierto y las Ofrendas
El Tabernáculo: Las Ofrendas Levíticas, el Sacrificio de Expiación
El Tabernáculo: Un santuario Terrenal
Analizando la Enseñanza del Trabajo en el Libro Profético de Jeremías y Lamentaciones

Estudio Bíblico Cristiano Sobrevolando la Biblia con Enseñanzas de la Sana Doctrina
Estudio Bíblico: Génesis 1. La Creación en Seis Días
Estudio Bíblico: Génesis 2. Estatutos de la Creación
Estudio Bíblico: Génesis 3. La Caída del Hombre
El Tabernáculo: En el Nuevo Testamento
Estudio Bíblico: Génesis 4. Aconteció Andando el Tiempo; Presente, Tributo, Oblación

La Enseñanza en la Clase Bíblica
Estudiando la Enseñanza en la Clase Bíblica: Guía para
Maestros

Los Cuatro Evangelios de la Biblia
Analizando Notas en el Libro de Mateo: Cumplimientos de las
Profecías del Antiguo Testamento

Los Cuatro Evangelios de la Biblia
Analizando Notas en el Libro de Marcos: Encontrando Paz en
Tiempos Difíciles
Analizando Notas en el Libro de Lucas: El Amor Divino de
Jesús Revelado
Analizando Notas en el Libro de Juan: La Contribución de Juan
a las Escrituras del Nuevo Testamento

Notas en el Nuevo Testamento
Analizando Notas en el Libro de los Hechos: Un Viaje de
Continuación en la Obra de Jesús

Personajes de la Biblia

Analizando Escenas Bíblicas: 62 Inspiradoras Enseñanzas
Cristianas del Antiguo Testamento

Profecías Bíblicas

Perfíl Profético: La Última Semana
Claras Palabras Proféticas: La Profecía Hecha Historia
Perspectiva de la Profecía: El Próximo Gran Acontecimiento
Desarrollo Profético de Dios: Las Señales de los Tiempos
Profecía Cronológica: Las Cosas que Sucederán en la Tierra
Seis Días Proféticos en la Biblia

Sermones de C. H. Spurgeon

La Procesión del Dolor

Sobrevolando la Biblia

Símbolos en la Biblia: Sana Doctrina Cristiana

Standalone

Cristo en Toda la Biblia: Estudio Bíblico
Notas en los Cuatro Evangelios: Comentario Bíblico
Analizando Lo que Está por Suceder: Las Profecías de Dios
Himnos del Evangelio
El Tabernáculo en la Biblia: Como Enseñar el Tabernáculo

About the Author

Esta serie de estudios bíblicos es perfecta para cristianos de cualquier nivel, desde niños hasta jóvenes y adultos. *Ofrece una forma atractiva e interactiva de aprender la Biblia,* con actividades y temas de debate que le ayudarán a profundizar en las Escrituras y a fortalecer su fe. Tanto si eres un principiante como un cristiano experimentado, esta serie te ayudará a crecer en tu conocimiento de la Biblia y a fortalecer tu relación con Dios. Dirigido por hermanos con testimonios ejemplares y amplio conocimiento de las escrituras, *que se congregan en el nombre del Señor Jesucristo Cristo en todo el mundo.*

About the Publisher

Editor

Elvis A. Betancourt T. 4135 Stoney Creek Dr., Lincolnton, NC 28092 *elvisbetancourtt@gmail.com*

Contáctenos

Preguntas y comentarios generales: *seminitt25@gmail.com*